D1457116

Tant de façons
d'aménager un abri

Une nouvelle manière d'explorer le monde animal

Direction éditoriale
Caroline Fortin

Recherche et rédaction
Martine Podesto

Documentation
Anne-Marie Brault
Anne-Marie Labrecque

Conception de la couverture
Épicentre

Mise en pages
Lucie Mc Brearty

Illustrations
François Escalmel
Jocelyn Gardner

Correction et glossaire
Diane Martin

QUÉBEC AMÉRIQUE

À chacun sa demeure

Pour se cacher des prédateurs, se protéger des intempéries ou prendre soin de leurs petits, les animaux aménagent souvent un abri. Certains trouvent refuge dans la fente d'un rocher, au sommet d'un arbre ou dans la végétation, alors que d'autres, plus entreprenants, se construisent des demeures fort confortables. Qu'ils creusent la terre, tissent des herbes ou coupent le bois, les animaux utilisent tous les outils mis à leur disposition : leurs pattes, leurs griffes, leur bec, leur museau ou leurs dents. Les matériaux de construction sont nombreux dans la nature : feuilles, brindilles, bois, terre, cheveux ou crins, duvet, laine, mousse et même des morceaux de plastique et de tissu. Certains animaux, cependant, fabriquent eux-mêmes leur propre matériau de construction...

Des nids de salive

Pour construire leur nid en forme de coupe, les salanganes utilisent un matériau des plus originaux : des filaments de leur propre salive. Pendant la période des amours, ces oiseaux régurgitent de longs filets minces et visqueux, produits par deux glandes salivaires situées sous leur langue. La salive durcit et colle rapidement aux parois rocheuses des cavernes où ils élisent domicile.

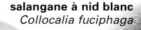

salangane à nid blanc
Collocalia fuciphaga

Êtes-vous curieux ?

Chaque année, des hommes risquent leur vie pour aller « cueillir » les nids de salanganes, véritable luxe gastronomique asiatique. À Hong Kong, le prix d'un bol de soupe au nid de salangane peut s'élever à soixante dollars !

Une maison originale

Plusieurs petits coléoptères ont une demeure bien particulière, entièrement faite d'excréments. Quelques instants après la ponte, les heureux parents s'occupent à enrouler l'œuf dans leurs excréments jusqu'à lui donner l'allure d'un petit fruit séché. Après l'éclosion, non seulement la jeune larve conserve son habit mais elle l'agrandira tout au long de sa croissance, à l'aide de ses propres excréments.

clytre léger
Clytra læviuscula

Vivre dans une bulle d'air

Les araignées sont de célèbres fabricantes de soie. L'argyronète, qui vit sous l'eau, tisse un petit globe de soie étanche qu'elle attache aux herbes aquatiques. Lors de ses voyages à la surface de l'eau, l'araignée capture de minuscules bulles d'air et les emprisonne dans les poils de ses pattes. De retour chez elle, elle en remplit sa demeure. La voilà maintenant bien à l'abri sous sa cloche d'air...

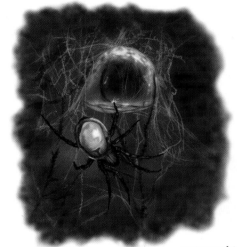

argyronète
Argyroneta aquatica

3

Une plate-forme surplombant la mer

Le noddi marianne, oiseau des mers, fréquente les îles tropicales de l'Atlantique, du Pacifique et de l'océan Indien. Son habitation spacieuse, souvent bâtie sur une corniche de rocher, est constituée de ses propres plumes et excréments. Une fois bien mélangés et piétinés, ces matériaux constituent une solide plate-forme où la famille peut s'installer.

noddi marianne
Anous tenuirostris

Ceux-là occupent
des abris existants

La construction d'une maison demande bien des efforts et des énergies. C'est pourquoi il est parfois plus commode de trouver une demeure déjà taillée sur mesure. La nature confectionne bien souvent des abris naturels... Un tronc d'arbre creux abrite peut-être des hiboux, des belettes, des lémurs ou des perroquets. Une grotte humide est une demeure fort invitante pour les chauves-souris, insectes, oiseaux et même pour certains mammifères tels les ours, tandis que des failles dans des roches peuvent accueillir des lézards et des serpents, des amphibiens et des insectes. Certains petits animaux apprécient grandement les constuctions des hommes : une fente dans le mur d'une maison, un nichoir, un abri sous une corniche ou une cheminée sont des endroits parfaits pour installer la petite famille. Plusieurs animaux profitent aussi de refuges aménagés par d'autres.

Une chouette chez les pics

Cette minuscule chouette de 15 centimètres de long habite les déserts du sud des États-Unis. Active pendant toute la nuit et jusqu'au petit matin, elle cherche sans répit de quoi se nourrir : sauterelles, papillons de nuit et insectes coléoptères. Le jour venu, la chevêchette-elfe s'installe confortablement dans des trous creusés par les pics dans les cactus géants. Bien à l'abri, elle profite alors d'un repos très mérité.

chevêchette-elfe
Micrathene whitneyi

Êtes-vous curieux ?

Les yeux des hiboux et des chouettes sont immobiles. Pour changer la direction de leur regard, ces animaux doivent tourner complètement la tête. Certaines espèces arrivent même à effectuer les trois quarts d'un tour complet !

Un oiseau prisonnier d'un arbre

Excréments, terre humide, bois décomposé et salive : voilà la recette de plâtre du calao des forêts tropicales.
La femelle bouche le trou naturel d'un tronc d'arbre avec ce savant mélange. Pendant deux mois, son partenaire glissera, par une mince fente, des petits fruits et des insectes pour nourrir madame et ses rejetons. Les ennemis, serpents et singes, ne verront ni n'entendront les oisillons.

calao à bec rouge
Tockus erythrorhynchus

Des abris dans la roche

Alors que plusieurs perroquets nichent à l'intérieur de trous dans les arbres, l'amazone à tête blanche, un perroquet des Antilles, niche sous la terre. Le sol de l'île d'Abaco, où il habite, est composé de roches calcaires dans lesquelles l'eau a déjà creusé de profondes cavités. L'eau s'est retirée, mais les trous, laissés par son passage, constituent des terriers parfaits pour couver et élever les petits amazones.

5

amazone à tête blanche
Amazona leucocephala bahamensis

Rusé le renard ?

On trouve le renard sur presque tous les continents : Amérique du Nord, Europe, Afrique, Asie et même en Australie, où il a été introduit par l'homme. S'il lui arrive parfois de creuser lui-même sa demeure, ce beau mammifère emprunte et aménage volontiers des terriers creusés par d'autres. Ses préférences vont vers les terriers de blaireaux, aménagés dans des versants ensoleillés...

renard commun
Vulpes vulpes

Ceux-ci aménagent
un abri sous le sol

Dans la nature, les trous naturels ne sont pas assez nombreux pour accueillir tous les animaux qui ont besoin de se loger. Les animaux qui habitent des trous doivent pour la plupart les creuser eux-mêmes. Celui de l'hippopotame se résume souvent à une simple cavité dans le sol, de la forme d'une confortable baignoire. Un peu plus profonds, les « chaudrons » creusés par la femelle du sanglier camouflent entièrement les marcassins qui se reposent. Nombreux sont les animaux qui s'enfouissent dans le sol : les coques, les oursins, les puces de mer, les escargots et plusieurs larves d'insectes. Les trous dans le sol fournissent de nombreux avantages. En plus d'échapper aux ennemis de la surface, les animaux trouvent sous la terre un refuge pratique en cas de mauvais temps.

mygale
famille des théraphosidés

Une maison bien camouflée

La mygale choisit une terre bien sèche dans laquelle elle creuse, à l'aide de ses crochets, un terrier en forme de tube. Sa maison douillette, entièrement tapissée de soie, est gardée secrète grâce à un petit bouchon. Discrètement attaché au sol par un fil de soie, le couvercle de sa demeure peut s'ouvrir et se fermer selon les volontés de l'araignée. Gare aux insectes qui s'approchent trop près : le couvercle s'ouvre et la mygale bondit !

Êtes-vous curieux ?

Les mygales sont de très grosses araignées qui habitent surtout les régions tropicales. Certaines espèces s'attaquent à des proies de grosseur considérable. On les a vues capturer de petits oiseaux, des grenouilles, des lézards et même des serpents !

Le fantôme des plages

Le crabe fantôme creuse une demeure en forme de « U » ou de « Y » dans le sable de certaines plages d'Amérique. Émergeant de sa cachette la nuit, pour se nourrir de détritus et de proies vivantes laissés par la marée haute, il retourne tout au fond de son refuge pendant le jour. Bien camouflée, l'entrée de son tunnel est bloquée avec du sable.

crabe fantôme
Ocypode quadrata

Des oiseaux terrassiers

Les macareux moines des mers froides de l'Amérique du Nord et de l'Europe ne viennent sur la terre ferme que pour se reproduire. Ces magnifiques oiseaux, proches parents des pingouins, aménagent un logis dans des terriers qu'ils creusent eux-mêmes avec leur bec et leurs griffes. Les milliers de couples qui forment la colonie trouent complètement le sol des berges, qui s'écroule parfois.

macareux moine
Fratercula arctica

Une cachette en forme de « U »

Mais d'où proviennent ces petits tortillons de terre ? L'arénicole, un ver d'eau douce de 20 centimètres, vit complètement camouflée dans le sable où elle creuse sa cachette en forme de « U ». Confortablement installée, l'arénicole se nourrit des minuscules animaux et plantes qui habitent le sable environnant. Toutes les quarante minutes environ, elle rejette les restes de sa digestion à l'entrée de son abri, en de curieux petits amoncellements.

arénicole des pêcheurs
Arenicola marina

Ceux-là sont d'excellents potiers

La terre est un matériau naturel bien pratique. Facilement accessible, elle peut être mélangée à de la salive et même à des excréments pour former une boue compacte. Les animaux qui utilisent la terre comme matériau de construction se bâtissent des demeures solides et généralement durables car, en séchant, le mélange peut devenir aussi dur que du plâtre. Plusieurs oiseaux tels les hirondelles, les sitelles et les martinets confectionnent de petites boulettes de glaise qu'ils collent les unes aux autres en utilisant leur salive comme mortier. Chez les insectes, guêpes et abeilles fabriquent aussi des demeures de boue séchée aux formes variables.

Le nid le plus lourd

Pour construire leur nid en forme de boule, les fourniers roux ramassent de 1 500 à 2 500 petits tas d'argile qu'ils assemblent avec des herbes, des poils, des plumes et du fumier de vache. Leur coquette maison de boue, bien souvent bâtie sur une branche ou au sommet d'un poteau, est érigée en dix à quinze jours et peut atteindre 20 centimètres de diamètre. Elle ne servira qu'une seule fois.

8

Êtes-vous curieux ?

Le fournier roux d'Amérique du Sud est surnommé le « boulanger », car sa maison, ronde comme un petit four, devient si chaude que les oisillons doivent absolument la quitter au bout de vingt à vingt-six jours, sans quoi ils suffoqueraient...

Une piscine de boue

Quelques rainettes bâtissent un abri de vase semblable à une petite piscine. Chez la rainette-forgeron d'Amérique du Sud, le mâle construit un bassin circulaire d'une trentaine de centimètres, entouré d'un muret de 10 centimètres de haut. Le couple y dépose ses œufs, lesquels sont à l'abri des prédateurs qui ne peuvent gravir le mur de boue.

rainette-forgeron
Hyla faber

flamant rose
Phœnicopterus ruber

Un cône de boue

Les superbes flamants roses d'Europe, d'Afrique et du Moyen-Orient se réunissent en d'immenses colonies. Pour construire leur nid, mâles et femelles assemblent de la vase, des pierres, des coquillages, des plumes et de l'herbe. On façonne, on piétine et on se couche de temps à autre sur le nid, histoire de bien tasser les matériaux. Bâti en forme de cône, le nid peut atteindre 40 centimètres de haut.

9

Des guêpes potières

Pour abriter sa progéniture, cette guêpe construit de petites urnes d'argile à l'aide de boulettes de glaise qu'elle façonne après la pluie. Dans chaque vase qu'elle fabrique, la femelle dépose un seul œuf suspendu au plafond par un fil de soie. Au fond de l'urne, une chenille ou un insecte paralysé attend d'être dévoré par la larve.

fournier roux
Furnarius rufus

eumène pomiforme
Eumenes pomiformis

Certains sont de grands terrassiers

Certains animaux non seulement creusent le sol mais construisent de formidables terriers ramifiés, à plusieurs étages avec chambres de naissance, chambres de repos, salles de provisions et petits coins. Ces véritables édifices souterrains peuvent abriter plusieurs centaines d'individus et s'étendre sur une très grande superficie. Certains animaux ne sortent pratiquement jamais de leur demeure souterraine. Ils dorment, entassent des provisions, se reproduisent, élèvent leurs petits et se nourrissent dans cet abri, qui leur offre toute l'année la fraîcheur et l'humidité dont ils ont besoin.

De véritables villes souterraines

Les plus grandes villes souterraines appartiennent aux chiens de prairie. Scindée en plusieurs quartiers, la ville compte des centaines de terriers. Chaque terrier accueille la quinzaine de membres d'une même famille. La structure complexe du terrier débute par un long couloir vertical de trois à quatre mètres, à partir duquel commencent des tunnels qui conduisent aux différentes chambres. Juchés sur des monticules de 30 centimètres de haut, formés par les déblais de terre, de braves chiens de garde assurent la surveillance de la cité. Au moindre danger, ils émettent un jappement caractéristique qui avertit tous les habitants : « Attention, entrez tous chez vous ! »

chiens de prairie
Cynomys ludovicianus

Êtes-vous curieux ?

Les chiens de prairie n'ont aucun lien de parenté avec les chiens ; ce sont en réalité des rongeurs de la taille d'un lièvre qui habitent les prairies d'Amérique du Nord. Si on leur a donné ce nom, c'est en raison de leurs jappements qui ressemblent curieusement à ceux des chiens.

10

Une maison à deux étages

La demeure du gaufre à poche des plaines est constituée de deux étages : le premier niveau, le plus profond, abrite les réduits et les chambres de stockage, tandis qu'au deuxième on trouve la chambre de repos ainsi que les longs couloirs d'alimentation. Ce rongeur de la taille d'un hamster est parfaitement à l'aise dans son rôle d'animal fouisseur. Infatigable, il continue ses travaux d'excavation même sous la neige.

gaufre à poche des plaines
Geomys bursarius

lapin de garenne
Oryctolagus cuniculus

Une demeure pour chaque chose

Les lapins de garenne, qui vivent en colonies d'environ 100 individus, creusent des terriers ramifiés dans lesquels ils habitent. Quand approche le moment de la naissance des petits, la femelle creuse, à l'écart de la colonie, une demeure spéciale appelée « rabouillère ». Ce trou, dont la profondeur ne dépasse pas 50 à 70 centimètres, accueillera les lapereaux.

11

Un terrier temporaire

Cet animal aux oreilles pointues, au groin de cochon, à la queue de kangourou et au corps couvert de poils raides est le curieux oryctérope, aussi appelé « cochon de terre ». Grand promeneur des savanes africaines, ce mammifère se protège de la chaleur trop intense dans des terriers qu'il aménage lui-même, au gré de son parcours. Une fois abandonné, son terrier fait la joie de bien des petits rongeurs, oiseaux et serpents, qui peuvent s'y abriter.

oryctérope
Orycteropus afer

De même
que ceux-ci...

Les animaux qui passent le plus clair de leur temps sous la terre sont parfaitement adaptés à ce mode de vie. Comme ils vivent dans la plus profonde obscurité, leurs yeux leur sont peu utiles ; c'est pourquoi ils sont minuscules et parfois même inexistants. Autre détail important : sous la terre, le pavillon des oreilles devient nuisible. Chez plusieurs espèces, il est donc très petit ou même absent. Pour trouver leur chemin et découvrir de quoi se nourrir, les animaux fouisseurs ont recours à l'odorat, à l'ouïe et au toucher. Chez eux, ces sens sont particulièrement bien développés.

Une fouisseuse championne

La taupe, qui vit en solitaire, creuse des galeries à l'aide de ses griffes et de ses pattes de devant en forme de pelles, tandis que ses pattes de derrière rejettent la terre en surface. Petits monticules formés par les déblais de terre, les taupinières présentent une ouverture vers l'extérieur qui permet l'aération du terrier. Sous la plus grande taupinière se trouve l'habitation principale, qui consiste en une chambre tapissée de feuilles où les taupes se reposent après la chasse.

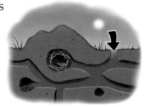

12

taupe commune
Talpa europaea

blaireau d'Amérique
Taxidea taxus

Un terrier bien propre

Ce mammifère carnivore aux pattes courtes et puissantes est, lui aussi, un champion terrassier. Son vaste terrier de 10 mètres de long, creusé dans les steppes et les prairies d'Amérique, est d'une extraordinaire propreté. Les chambres des parents et des petits y sont garnies d'une couche d'herbes tendres que le blaireau change souvent. Les galeries peuvent atteindre cinq mètres de profondeur.

À l'abri du soleil d'Australie

Comme le koala et le kangourou, le wombat est un marsupial. À coups de dents et de griffes, il creuse son terrier de 15 mètres de long dans un sol d'argile dur comme le roc. Installé bien confortablement, le wombat passe tout le jour dans son refuge, qui possède une température et une humidité agréables. Bon compagnon, le wombat accepte souvent de partager son abri avec des serpents, des lézards, des oiseaux et des lapins.

wombat à narines dénudées
Vombatus ursinus

Une vie obscure

rat-taupe nu des sables
Heterocephalus glaber

Ce curieux mammifère aveugle, au corps rose tout ridé, aux pattes courtes et à la tête aplatie, ne gagnera certainement jamais de concours de beauté... L'animal, qui ne sort pratiquement jamais de sa demeure, creuse ses longues galeries grâce à ses puissantes incisives qui demeurent en dehors de sa bouche même lorsque celle-ci est fermée. Son impressionnant réseau de galeries peut avoir la superficie de six terrains de football !

13

Êtes-vous **curieux ?**

Les taupes réalisent des exploits peu ordinaires. Champion creuseur, cet animal peut rejeter 6 kilos de déblais de terre en 20 minutes à peine...

Alors que d'autres sont de formidables artisans

Certains animaux sont de formidables artisans. Équipés de leur bec adroit, de leurs pattes agiles ou de leurs dents, ils ramassent feuilles, herbes et soie et confectionnent de véritables petits bijoux. Les oiseaux sont les tisserands les plus remarquables. Entrelaçant des herbes avec une grande habileté, ils nouent, tissent et tressent pour créer de pures merveilles. Les matériaux utilisés sont longs, flexibles et résistants ; il peut s'agir de plantes grimpantes, de racines, de feuilles en forme de rubans ou encore d'étroites bandes déchirées de larges feuilles. Les plus extraordinaires tisserins vivent en Afrique. Parmi ces derniers, on trouve les veuves, les euplectes, les travailleurs, les quéléas et certaines espèces de mésanges.

Des maisons tissées

Les tisserins portent bien leur nom : ce sont les meilleurs tisserands du monde animal. Leur nid complexe n'est d'abord qu'un simple anneau formé d'herbes entrelacées à partir duquel le mâle tisse et noue les matières végétales de son choix. Il existe environ 70 espèces de tisserins réparties en Afrique et en Asie. Même si les nids ressemblent tous à de petites bourses pendues aux arbres, leur apparence varie selon les espèces.

tisserin masqué
Ploceus heuglini

Êtes-vous curieux ?

Chez les tisserins, la construction du nid est un moyen de séduction. La femelle inspecte l'ouvrage confectionné par le mâle et donne son appréciation. Si elle aime le nid, elle acceptera de devenir la compagne du mâle.

14

Un rapide constructeur

Il faut au petit rat des moissons entre 5 et 10 heures à peine pour construire son joli nid tressé. Celui-ci est une boule d'herbes sèches, perchée sur de longues tiges de blé ou de grandes herbes, à près d'un mètre du sol. Avec ses dents et ses pattes, le rongeur déchire l'herbe en minces lanières qu'il tisse ensuite en forme de boule. L'intérieur du nid est tapissé de feuilles et de mousse.

rat des moissons
Micromys minutus

Une grande couturière

La fauvette couturière d'Asie fabrique son nid à l'aide de larges feuilles et de soie d'araignée. Pour ce faire, elle assemble deux feuilles ou en enroule une seule en forme de cornet. Utilisant ensuite son bec comme une aiguille, elle perce de petits trous dans le rebord des feuilles et y passe la soie d'araignée. L'intérieur de la feuille est tapissé d'un doux et chaud mélange de végétaux, de laine de mouton et de poils d'animaux.

fauvette couturière
Orthotomus sutorius

15

Des larves couturières

Les fourmis tisserandes des jungles d'Asie travaillent en équipe pour construire leur jolie maison. Pendant que quelques fourmis ouvrières maintiennent des feuilles en place, d'autres promènent de jeunes larves parmi les feuilles jointes. Ces larves produisent des fils de soie grâce à des glandes situées juste sous leur bouche. Les milliers de fils de soie ainsi déployés retiendront solidement les murs de la demeure.

fourmis tisserandes
Œcophylla longinoda

Ceux-ci sont
des maîtres foreurs

Qu'ils creusent le sol, travaillent la terre ou tissent et nouent des brindilles, les animaux bâtisseurs réalisent des travaux qui demandent temps, énergie, force et adresse. Creuser la terre en vue d'aménager un terrier est sans doute un labeur extraordinaire et fort épuisant. Certains animaux effectuent pourtant des tâches exigeant une force inouïe : ce sont des foreurs. Leur maison est creusée dans des substances aussi dures que le bois et même le roc. Il semble incroyable que de tout petits animaux puissent déployer autant d'énergie lorsque vient le temps de bâtir leur maison et pourtant... les becs et les puissantes mâchoires de certains animaux accomplissent des travaux que les mains des hommes seules n'arriveraient jamais à effectuer.

guêpier écarlate
Merops nubicus

Des falaises en meules de gruyère

Chacune des 24 espèces de guêpiers choisit l'emplacement idéal pour creuser sa demeure : une berge sablonneuse, le versant ensoleillé d'une colline, une paroi rocheuse ou le plafond de la tanière d'un animal. En vol stationnaire devant l'endroit choisi, l'oiseau taille une ouverture de son bec pointu et robuste et creuse avec acharnement pendant plusieurs jours. Au bout du tunnel, une petite chambre couverte de duvet accueillera les oisillons.

16

Êtes-vous curieux ?

Les guêpiers des régions chaudes d'Europe, d'Afrique, d'Asie, d'Australie et des Philippines ne sont pas les seuls oiseaux à nicher dans des terriers. Les martins-pêcheurs et les hirondelles de rivage en font autant.

Des tunnels dans le bois

La femelle du papillon cossus gâte-bois, pond des centaines d'œufs dans les fissures de l'écorce de plusieurs arbres feuillus. Quatorze jours après la ponte, de petites chenilles aux mâchoires puissantes voient le jour. Pendant plus de deux ans, elles creuseront des galeries dans le bois de l'arbre, où elles seront à l'abri de leurs ennemis. Les extraordinaires réseaux de tunnels peuvent parfois bloquer la sève et faire mourir l'arbre.

chenille du cossus gâte-bois
Cossus cossus

La persévérance d'un mollusque

Dès sa naissance, la minuscule larve de la pholade s'installe sur un rocher calcaire. La coquille, qui apparaît peu à peu, possède à une extrémité de petites structures pointues comme les dents d'une scie. Patiemment et méthodiquement, le mollusque, de la taille d'une moule, pivote pour creuser dans la pierre un trou profond où il pourra s'abriter des regards indiscrets...

pholade européenne
Pholas dactylus

Un oiseau fidèle à son gîte

Certains pics creusent leur nid dans la terre, dans les cactus, dans les fourmilières et dans les termitières. D'autres, habitués à tailler le bois pour s'alimenter, n'ont aucun mal à se creuser des nids dans les troncs d'arbre. Leurs demeures, parfois très grandes, peuvent même abriter des hiboux ou des écureuils. Le pic noir peut utiliser sa maison pendant quatre à six ans... à moins qu'on ne la lui vole.

pic noir
Dryocopus martius

Ceux-là sont
d'incroyables architectes

Qui sont ces géants qui bâtissent d'aussi impressionnantes habitations ? Ces constructions aux dimensions extraordinaires sont l'œuvre d'animaux dont la taille, elle, est bien ordinaire ! La clé du succès est bien souvent la patience : on passe parfois plusieurs mois par année à ériger son logis. Mais il y a plus. Certains animaux qui vivent en colonie unissent leurs efforts afin de construire leur gîte. Les demeures de ces animaux entrepreneurs résistent souvent au temps. Il n'est pas rare qu'elles leur servent pendant plusieurs années.

aigle royal
Aquila chrysaetos

Un nid majestueux

L'aigle royal construit son gigantesque nid au sommet d'un arbre ou dans la paroi escarpée d'une falaise. Construit avec des branches qui peuvent atteindre deux mètres de long, l'extraordinaire ouvrage peut atteindre quatre mètres et demi de large et peser plus de deux tonnes ! Les efforts déployés pour construire cet énorme abri ne sont pas vains, car l'aigle royal, qui peut vivre quarante-six ans, utilisera le même nid toute sa vie.

18

Êtes-vous
curieux ?

Il existe environ 30 espèces d'aigles présentes dans toutes les régions du monde à l'exception de la Nouvelle-Zélande et de l'Antarctique. L'espèce la plus répandue est l'aigle royal. On la trouve en Europe, en Asie et en Amérique du Nord. Il a une envergure de deux mètres et demi.

L'union fait la force

Parmi les 9 500 espèces de fourmis existantes, nombreuses sont celles qui construisent une fourmilière en forme de monticule. Celle de la fourmi rousse est la plus impressionnante. Bâtie par-dessus une vieille souche, elle est constituée de terre, d'aiguilles de conifères et de brindilles sèches. Sous le monticule de deux mètres de haut se trouvent plusieurs galeries qui constituent les quartiers d'hiver. L'habitation peut abriter jusqu'à un million d'individus...

fourmis rousses
Formica rufa

républicain social
Philetairus socius

Un nid collectif

Les républicains vivent en colonies d'une centaine de couples. Tous ensemble, ils bâtissent le plus grand nid collectif jamais vu. Sous l'immense toit commun, chaque petite famille possède son propre logement individuel qui s'ouvre vers le bas. Faits de brins d'herbe et de branches, les nids des républicains peuvent atteindre jusqu'à cinq mètres de diamètre. Certains de ces immeubles sont habités depuis plus de cent ans...

19

Une mégaconstruction

Pour construire son nid, cet oiseau de la taille d'une petite poule travaille onze mois par année, du matin au soir. S'aidant de ses larges pieds, il creuse un trou d'un mètre de profondeur qu'il remplit de feuilles et de branches humides, au-dessus duquel il érige un monticule de sable d'un mètre de haut. En pourrissant, les végétaux dégagent la chaleur nécessaire à l'incubation des œufs.

léipoa ocellé
Leipoa ocellata

Et ceux-ci aussi...

Les animaux ont sûrement inspiré les hommes. Ce sont les premiers grands ingénieurs et architectes de la Terre. Obéissant à des lois physiques et mathématiques complexes, plusieurs d'entre eux ont créé de véritables chefs-d'œuvre de la nature. Le génie animal ne cessera jamais de nous étonner. Dans des sociétés animales où le rôle de chacun a une importance capitale, rien n'est laissé au hasard...

Des habitations monumentales

Vivant en colonies très organisées, certaines termites construisent de fabuleuses habitations aux dimensions extraordinaires. Leurs termitières, qui peuvent atteindre cinq à six mètres de haut, sont faites d'un mélange de terre ou de bois, d'excréments et de salive qui, cuit au soleil, devient aussi dur que du ciment. La termitière se compose d'une chambre royale, de loges pour abriter les œufs et de garde-manger. À l'intérieur de la construction, un réseau de cheminées permet une bonne aération.

Êtes-vous curieux ?

Les hommes récupèrent parfois la terre des termitières abandonnées pour en faire des briques destinées à la construction d'habitations. On raconte qu'en Afrique une seule termitière a fourni 450 000 de ces briques !

termite
ordre des isoptères

Des maisons de carton

Les guêpes fabriquent et utilisent le papier depuis fort longtemps... Leur jolie demeure de carton suspendue peut abriter 200 individus. Pour produire leur matériau de construction, les guêpes arrachent aux arbres, aux maisons ou aux clôtures de petits fragments de bois qu'elles mastiquent avec leur salive ; cela donne une fine pulpe qui, en séchant, deviendra du carton.

guêpe à papier
sous-famille des polistinés

Des chambres de cire

C'est souvent dans un arbre creux que les abeilles ouvrières construisent leur demeure de cire. Sécrétée par de minuscules trous situés sous leur abdomen, la cire permet de confectionner la ruche. Chacune des petites chambres de la ruche, les alvéoles, possède une forme hexagonale dont la régularité est assurée par les antennes et les pattes extrêmement sensibles des abeilles. Les alvéoles serviront à entreposer le miel et le pollen ou recevront les œufs.

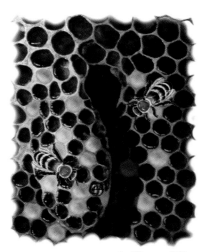

abeille mellifique
Apis mellifera

Un champion bâtisseur

Grâce à ses puissantes mâchoires et à ses quatre incisives coupantes, l'infatigable castor abat, émonde et transporte des troncs d'arbres et des branches pour construire son barrage et sa hutte. En maintenant le niveau d'eau constant, le barrage permet au castor de nager, de trouver de la nourriture et de construire sa hutte en toute saison. Celle-ci, faite de branchages, de pierres et de vase, possède de discrètes entrées sous l'eau et, juste au-dessus du niveau de l'eau, une chambre douillette pour accueillir la petite famille.

castor du Canada
Castor canadensis

Certains ont une habitation temporaire

Certains animaux n'ont besoin d'un abri que pendant quelques heures de la journée. Durant leur sommeil, par exemple, les animaux sont plus vulnérables ; il arrive qu'ils se mettent à l'abri des importuns dans de petites habitations spéciales. D'autres animaux ont un cycle de vie qui les mène à travers différentes phases : avant de devenir un magnifique papillon, l'animal vit au stade d'œuf, de larve puis de chrysalide. Certaines de ces formes de vie sont particulièrement fragiles ! Au cours de leur métamorphose, plusieurs insectes se fabriquent un cocon qui les isole d'un environnement qui peut parfois leur être fatal...

Le confort de la soie

La chenille se transforme en papillon lors d'un phénomène que l'on appelle la « nymphose ». Cette étape dans la vie de l'animal est très délicate. Plusieurs espèces de chenilles vivent cette modification dans un cocon de soie qu'elles tissent elles-mêmes. La soie, fabriquée grâce à deux glandes spéciales situées au niveau de leur lèvre inférieure, sort à l'état liquide puis devient solide au contact de l'oxygène de l'air.

22

bombyx du mûrier
Bombyx mori

Êtes-vous curieux ?

En Asie, on élève les vers à soie par millions. Chaque cocon de la chenille du ver à soie contient des centaines de mètres de fil de soie. Ces fils sont récupérés et utilisés pour fabriquer de magnifiques tissus.

Une couverture pour la nuit

Plusieurs poissons-perroquets des mers tropicales s'enveloppent d'une couverture douillette pour passer la nuit. Leur cocon, fait de mucus sécrété par des glandes de la peau, est ouvert à l'avant et à l'arrière pour permettre à l'eau d'y circuler librement. Le poisson peut donc y respirer à son aise. Il faut trente minutes au poisson-perroquet pour confectionner son abri et trente autres minutes pour l'éliminer.

poisson-perroquet
Scarus vetula

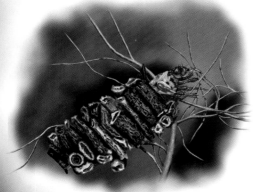

phrygane
ordre des trichoptères

Une existence éphémère

Dès sa naissance, la larve de phrygane construit son abri à l'aide de matériaux divers tels que bouts de plantes, coquillages, débris d'algues et sable. Sous l'eau, elle attrape et découpe ses matériaux et les colle ensemble avec de la soie qu'elle sécrète. Parfaitement camouflée dans son tube, elle attend patiemment la métamorphose... Les phryganes, qui ressemblent à de petits papillons gris, ne vivent que quelques heures, le temps de s'accoupler.

Une maison haut perchée

Certains grands singes s'installent un lit confortable pour passer la nuit en famille. Ainsi, chaque nuit, la femelle gorille des forêts africaines construit une plate-forme de branches entrelacées sur laquelle repose un petit lit de feuilles moelleux, juste assez grand pour les accueillir, elle et son petit. Le mâle, quant à lui, construit son propre lit. Trop lourd, il devra bientôt renoncer à son abri dans les arbres pour dormir au sol.

gorille
Gorilla gorilla

Alors que ceux-là
sont sans abri

Tous les animaux ne sont pas d'habiles constructeurs et l'environnement n'offre pas toujours de quoi aménager un abri. Certains animaux doivent se contenter de dormir à la belle étoile et de vivre leur vie au grand jour.

Un nid de fortune

Au moment de la reproduction, des centaines de couples de guillemots se rassemblent sur les rebords d'une falaise. Disposant chacun de quelques centimètres à peine et sans même construire de nid, le mâle et la femelle couvent l'unique œuf en forme de poire. La forme ovale de l'œuf évite bien des soucis aux parents : si le vent souffle trop fort, celui-ci tourne autour de son axe plutôt que de dégringoler la falaise.

guillemot de Troïl
Uria aalge

Êtes-vous curieux ?

Le guillemot de Troïl est un oiseau marin de l'hémisphère Nord appartenant à la famille des pingouins. Cet habile pêcheur est beaucoup plus à l'aise dans l'eau que sur la terre ferme et dans les airs. Il peut plonger jusqu'à une profondeur de 10 mètres et rester sous l'eau plus d'une minute.

Sommeiller dans un lit d'algues

Ce charmant petit mammifère marin des mers froides ne peut certainement pas se construire d'abri dans les profondeurs de la mer : comme tous les mammifères, il a besoin d'air pour survivre... Alors, comment se reposer ? La nuit venue, il s'étend sur le dos et enroule son corps dans un amas d'algues qui le maintiennent en place et l'empêchent de dériver. Là, non loin de la côte, la loutre de mer peut se reposer en paix...

loutre de mer
Enhydra lutris

Un endroit sûr pour se reposer

Les cerfs n'ont pas de domicile fixe. Pour se reposer, ils choisissent un endroit confortable et à l'abri du danger. Actifs pendant la nuit, il arrive que les cerfs se rassemblent pendant la journée dans une clairière. En groupe, les bêtes se sentent en sécurité. Si l'endroit est paisible, ils y reviendront. Cet endroit, appelé « reposée », s'imprègne de l'odeur des bêtes à un point tel que même un homme peut la sentir.

25

cerf commun
Cervus elaphus

Pas besoin d'abri

Le grand panda des forêts de bambous n'a pas besoin de se construire un abri. Son épaisse fourrure huileuse le protège de l'humidité et du froid des forêts chinoises et tibétaines. Pour se reposer, le panda s'appuie contre un rocher ou sur un arbre, ou il se roule en boule sur le sol. Posant sa tête sur un doux tapis d'aiguilles de conifères, il dort, tranquille.

grand panda
Ailuropoda melanoleuca

Le coin
des curieux

DES MATÉRIAUX POUR TOUS LES GOÛTS		
	Animal	**Matériaux**
Insectes	Guêpe à papier (sous-famille des polistinés)	Fibres de bois et salive
	Larve de phrygane (ordre des trichoptères)	Petits morceaux de bois, brindilles, sable, gravier, coquilles d'escargots
	Fourmi tisserande (*Œcophylla longinoda*)	Feuilles fraîches et soie
Poissons	Épinoche à trois épines (*Gasterosteus aculeatus*)	Débris végétaux et sécrétion gluante
Oiseaux	Bécasse des bois (*Scolopax rusticola*)	Feuilles mortes
	Oiseaux à berceaux (sous-famille des ptilonorhynchinés)	Brindilles, mousse, coquilles d'escargots, baies, insectes, fleurs, feuilles, champignons, morceaux de charbon de bois
	Salangane (genre *Collocalia*)	Salive
	Fournier (famille des furnariidés)	Terre
	Colibri calliope (*Stellula calliope*)	Toiles d'araignées, lichens, mousses, plantes
Amphibiens et reptiles	Grenouille arboricole d'Afrique (famille des rhacophoridés)	Mousse produite à l'aide d'un liquide visqueux sécrété par la grenouille
	Crocodile de Morelet (*Crocodylus moreletii*)	Boue, branches et feuillage en décomposition
Mammifères	Castor (*Castor fiber*)	Bois, boue, pierres
	Rat musqué (*Ondatra zibethicus*)	Quenouilles et boue
	Écureuil (famille des sciuridés)	Feuilles mortes, brindilles, mousse, gazon, écorce, lichen, plumes, laine
	Opossum (famille des didelphidés)	Feuilles et herbes
	Gorille (*Gorilla gorilla*)	Feuilles

LES OISEAUX BÂTISSEURS DE NIDS ET LEURS RECORDS

Oiseau	Dimensions du nid	Record
Colibri calliope *Stellula calliope*	Diamètre : 2 cm Hauteur : 3 cm	Le plus petit nid
Autruche *Struthio camelus*	Diamètre : 3 m	Le nid qui contient les plus gros œufs
Aigle royal *Aquila chrysaetos*	Hauteur : 2 m Diamètre : 3 m	Le plus gros nid perché
Républicain social *Philetairus socius*	Diamètre : 5 m	Le plus gros nid collectif
Mégapode de Freycinet *Megapodius freycinet*	Diamètre : 12 m Hauteur : 5 m	Le plus gros nid au sol

À CHACUN SA DEMEURE

	Animal	Demeure
Animaux sauvages	Guêpe	Guêpier
	Termite	Termitière
	Fourmi	Fourmilière
	Abeille	Ruche
	Taupe	Taupinière
	Oiseau	Nid
	Lapin	Terrier
	Lièvre	Gîte
	Renard	Renardière
	Castor	Hutte
	Sanglier	Bauge
	Serpent	Repaire
	Tigre	Repaire
	Loup	Liteau
	Ours	Tanière
	Chauve-souris	Grotte
	Souris	Trou
Animaux de la ferme	Cheval	Écurie
	Vache	Étable
	Poule	Poulailler
	Cochon	Porcherie
	Mouton	Bergerie
	Chien	Niche

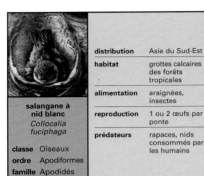

distribution	Asie du Sud-Est
habitat	grottes calcaires des forêts tropicales
alimentation	araignées, insectes
reproduction	1 ou 2 œufs par ponte
prédateurs	rapaces, nids consommés par les humains

salangane à nid blanc
Collocalia fuciphaga

classe	Oiseaux
ordre	Apodiformes
famille	Apodidés

distribution	sud-ouest des États-Unis, est de l'Amérique centrale
habitat	régions arides à cactus géants
alimentation	sauterelles, coléoptères, papillons de nuit et leurs larves
reproduction	3 à 5 œufs par ponte
prédateurs	aucun en particulier

chevêchette-elfe
Micrathene whitneyi

classe	Oiseaux
ordre	Strigiformes
famille	Strigidés

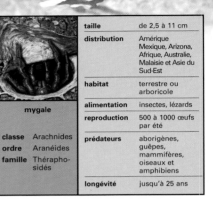

taille	de 2,5 à 11 cm
distribution	Amérique Mexique, Arizona, Afrique, Australie, Malaisie et Asie du Sud-Est
habitat	terrestre ou arboricole
alimentation	insectes, lézards
reproduction	500 à 1000 œufs par été
prédateurs	aborigènes, guêpes, mammifères, oiseaux et amphibiens
longévité	jusqu'à 25 ans

mygale

classe	Arachnides
ordre	Aranéides
famille	Théraphosidés

taille et poids	19 cm ; environ 75 g
distribution	parties tempérées et subtropicales de l'Amérique du Sud
habitat	prairies boisées
alimentation	insectes terrestres, araignées, vers, mollusques
reproduction	3 ou 4 œufs par ponte
prédateurs	buses

fournier roux
Furnarius rufus

classe	Oiseaux
ordre	Passériformes
famille	Furnariidés

taille et poids	37,5 cm incluant la queue ; 0,7 à 1,4 kg
distribution	États-Unis et extrême nord du Mexique
habitat	prairies sèches de l'Ouest
alimentation	surtout végétarien
reproduction	2 à 10 petits par portée
prédateurs	rapaces
longévité	jusqu'à 8 ans

chien de prairie
Cynomys ludovicianus

classe	Mammifères
ordre	Rongeurs
famille	Sciuridés

taille et poids	de 13 à 20 cm incluant la queue ; 60 à 120 g
distribution	Europe, Asie
habitat	sol des bois et des champs
alimentation	arthropodes et vers
reproduction	3 ou 4 petits par portée
prédateurs	hiboux, hérons, belettes, hermines, blaireaux, renards, chats
longévité	3 ans

taupe commune
Talpa europaea

classe	Mammifères
ordre	Insectivores
famille	Talpidés

taille	14 cm
distribution	Sénégal et nord-ouest du Kenya
habitat	savanes semi-arides et boisées
alimentation	graminées, insectes
reproduction	2 ou 3 œufs, parfois 2 pontes

tisserin masqué
Ploceus heuglini

classe	Oiseaux
ordre	Passériformes
famille	Plocéidés

taille	38 cm incluant la queue
distribution	Afrique occidentale, Afrique centrale et Afrique australe
habitat	prairies parsemées d'arbres
alimentation	sauterelles, fourmis, guêpes et autres insectes
reproduction	3 à 5 œufs par ponte
prédateurs	rapaces, lézards, serpents et l'homme
longévité	jusqu'à 7 ans

guêpier écarlate
Merops nubicus

classe	Oiseaux
ordre	Coraciiformes
famille	Merpidés

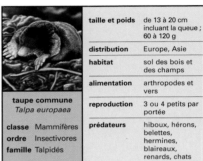

taille et poids	75 à 88 cm ; de 2,8 à 6,6 kg
distribution	Eurasie, Amérique du Nord, Afrique du Nord
habitat	taïga, massifs montagneux
alimentation	petits mammifères, oiseaux, reptiles et charogne
reproduction	1 à 2 œufs par an
longévité	25 ans dans la nature

aigle royal
Aquila chrysaetos

classe	Oiseaux
ordre	Falconiformes
famille	Accipitridés

taille	15 à 22 mm
distribution	Amérique du Nord, Asie, Europe, Australie, Afrique, Amérique du Sud
habitat	forêt
alimentation	bois, débris végétaux, champignons
prédateurs	oryctéropes, pangolins, fourmiliers, tatous, oiseaux, protèles
reproduction	1 œuf toutes les 2 secondes, pendant 15 ans et plus

termite

classe	Insectes
ordre	Isoptères
famille	il existe 7 familles de termites

taille	5 cm d'envergure
distribution	originaire de Chine, élevages en Inde, au Japon, en Espagne, en France et en Italie
habitat	milieu artificiel d'élevage
alimentation	feuilles du mûrier pour les chenilles, les adultes ne s'alimentent pas
reproduction	300 à 400 œufs en élevage
prédateurs	insectivores
longévité	60 jours

bombyx du mûrier
Bombyx mori

classe	Insectes
ordre	Lépidoptères
famille	Bombycidés

taille et poids	40 cm de long ; 1 kg
distribution	côtes nord de l'Atlantique et du Pacifique (Amérique du Nord, Europe du Nord, Groenland et Islande)
habitat	eaux côtières, nichent dans les falaises
alimentation	poissons, crustacés, mollusques, vers
reproduction	1 seul œuf
prédateurs	aucun en particulier

guillemot de Troïl
Uria aalge

classe	Oiseaux
ordre	Charadriiformes
famille	Alcidés

Glossaire

Amphibien

Animal qui peut vivre à l'air ou dans l'eau, comme la grenouille.

Aquatique

Qui croît, qui vit dans l'eau ou près de l'eau.

Artisan

Personne qui exerce à son compte un métier manuel.

Calcaire

Qui contient du carbonate de calcium.

Chrysalide

Deuxième stade de transformation des lépidoptères, entre l'étape de la chenille et celle du papillon.

Coléoptère

Insecte dont les ailes postérieures sont protégées, au repos, par d'autres ailes, plus dures.

Colonie

Groupe d'animaux vivant en commun, en collectivité.

Crin

Poil long et rude qui pousse sur le cou et à la queue de certains animaux, spécialement les chevaux.

Envergure

Étendue des ailes déployées, c'est-à-dire ouvertes.

Filament

Production organique de forme fine et allongée comme un fil.

Foreur

Ouvrier qui perce un trou, une cavité dans une matière dure.

Fouisseur

Qui creuse la terre, le sol.

Galerie

Couloir ou tunnel de communication creusé dans le sol.

Glande

Organe qui sert à produire une sécrétion, un liquide plus ou moins épais.

Globe

Enveloppe de forme arrondie, sphérique.

Groin

Museau du sanglier et du porc.

Hexagonal

Qui a six angles et six côtés.

Incubation

Fait de couver un œuf afin de permettre à l'embryon de s'y développer.

Mammifère

Animal dont la femelle possède des mamelles pour nourrir ses petits.

Marcassin

Petit du sanglier.

Marsupial

Animal dont la femelle possède une poche ventrale contenant des mamelles pour recevoir et nourrir son petit quand il naît.

Métamorphose

Changement complet chez certains animaux, qui passent d'une forme, ou d'un état, à une autre totalement différente ; par exemple, la chenille se métamorphose en papillon.

Mortier

Mélange de divers éléments servant à lier ou à enduire, en construction.

Mucus

Liquide transparent et visqueux.

Prédateur

Animal qui se nourrit de proies.

Progéniture

Ensemble des enfants, des petits, d'un humain ou d'un animal.

Pulpe

Sorte de pâte ou substance humide et malléable.

Ramifié

Partagé, divisé en plusieurs branches ou sections.

Scinder

Diviser, partager.

Sécréter

Produire et laisser couler une substance.

Stationnaire

Qui reste un certain temps à la même place.

Steppe

Grande plaine sans arbres, au climat sec, à la végétation pauvre et herbeuse.

Structure

Manière dont les parties d'un tout sont arrangées, disposées les unes par rapport aux autres.

Terrassier

Ouvrier qui creuse, remue ou déplace la terre pour modifier la forme d'un terrain.

Tortillon

Chose entortillée, enroulée sur elle-même.

Tropical

Situé dans les régions voisines des tropiques, où il fait toujours chaud.

Végétation

Ensemble des plantes qui poussent dans un lieu.

Versant

Côté, pente d'une montagne.

Index

Amphibiens

Insectes et autres invertébrés

Mammifères

Oiseaux

Poissons

Reptiles

A

B

C

D

E

F

G

H

I

L

M

N

O

P

Q

R

S

T

V

W

32

Les termes en **caractères gras** renvoient à une illustration ; ceux en *italiques* indiquent un mot-clé.

Tant de façons d'aménager un abri fut conçu et créé par **QA International**, une division de
Les Éditions Québec Amérique inc., 329, rue de la Commune Ouest, 3e étage, Montréal (Québec) H2Y 2E1 Canada **T** 514.499.3000 **F** 514.499.3010
©1998 Éditions Québec Amérique inc.

ISBN 2-89037-961-2

Imprimé et relié au Canada.

10 9 8 7 6 5 4 3 2 1   99 98